VENTE DU JEUDI 15 FÉVRIER 1912

HOTEL DROUOT, SALLE N° 10

à deux heures

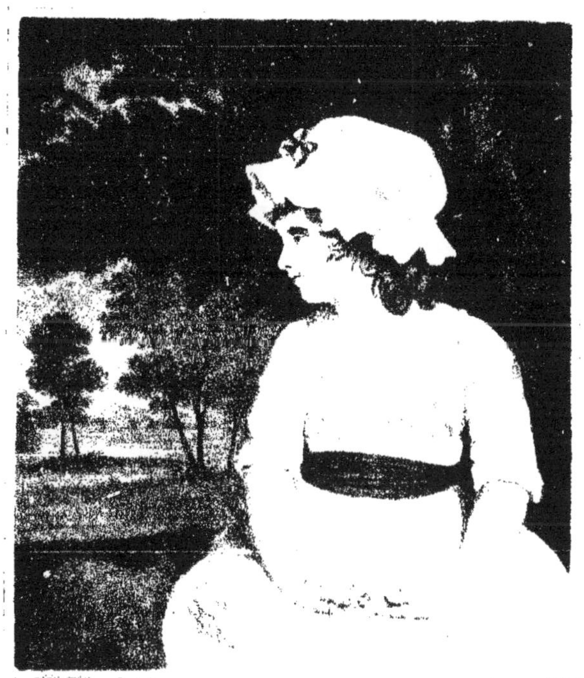

N° [illegible] du Catalogue.

Estampes du XVIIIe Siècle

FRANÇAISES ET ANGLAISES

EN NOIR ET EN COULEURS

COMMISSAIRE-PRISEUR	EXPERTS
Me F. LAIR-DUBREUIL	**MM. PAULME & B. LASQUIN Fils**
6, rue Favart	10, r. Chauchat, 11, r. Grange-Batelière

EXPOSITION PUBLIQUE

Le Mercredi 14 Février 1912, de 1 h. 1/2 à 6 heures

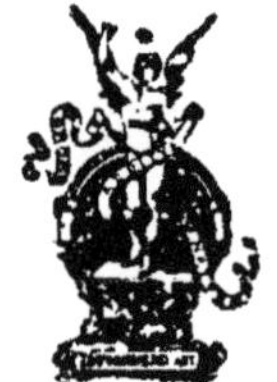

CATALOGUE

DES

ESTAMPES DU XVIIIe SIÈCLE

FRANÇAISES ET ANGLAISES

PIÈCES IMPRIMÉES EN NOIR ET EN COULEURS

ENCADRÉES ET EN FEUILLES

APPARTENANT A DIVERS AMATEURS

DONT LA VENTE AUX ENCHÈRES PUBLIQUES AURA LIEU

HOTEL DROUOT, SALLE N° 10

LE JEUDI 15 FÉVRIER 1912

à deux heures

PAR LE MINISTÈRE DE

Me F. LAIR-DUBREUIL, Commissaire-Priseur

6, rue Favart

ASSISTÉ DE

MM. PAULME ET B. LASQUIN FILS, Experts

10, rue Chauchat — 11, rue de la Grange-Batelière

EXPOSITION PUBLIQUE

Le Mercredi 14 Février 1912, de 1 h. 1/2 à 6 h.

CONDITIONS DE LA VENTE

Elle sera faite au comptant.

Les adjudicataires paieront *dix pour cent* en sus des enchères.

Les estampes étant désignées avec soin, aucune réclamation ne sera admise une fois l'adjudication prononcée.

Les experts chargés de la vente se réservent la faculté de réunir ou diviser les lots du Catalogue.

Ils rempliront, aux conditions usuelles, les commissions des personnes ne pouvant assister à la vente.

Les amateurs pourront, en dehors de l'Exposition publique, examiner les estampes, le matin de la vacation dans la salle de vente, de 9 heures à 11 heures 1/2.

On suivra l'ordre numérique.

Paris. — Imp. de l'Art, Ch. Berger, 41, rue de la Victoire.

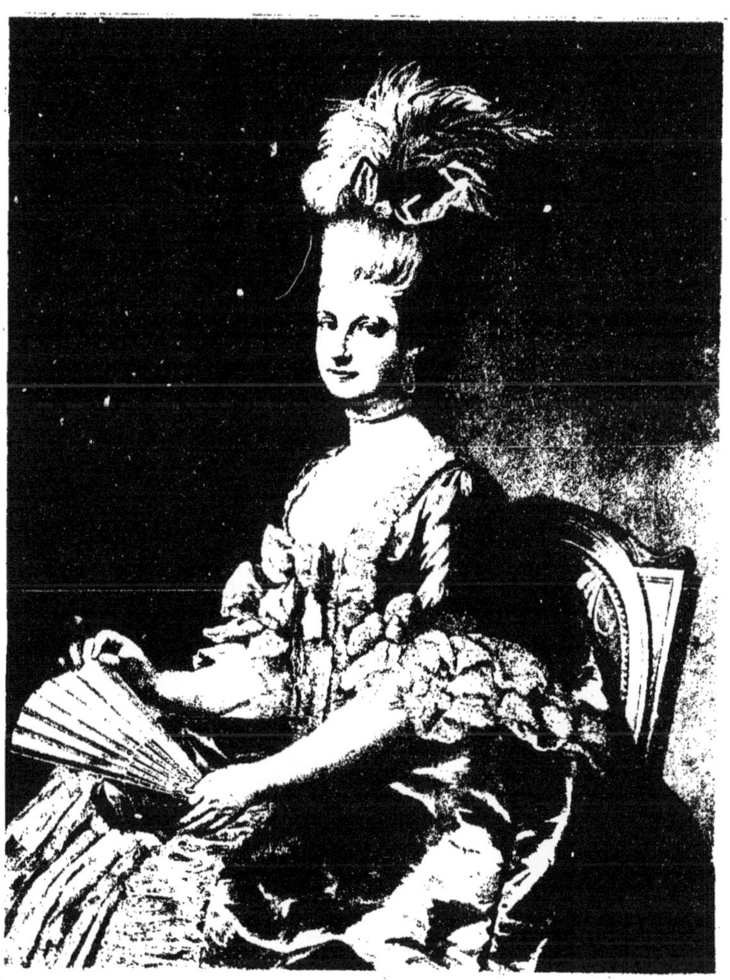

N° 14.

DÉSIGNATION

ESTAMPES DU XVIIIe SIÈCLE

FRANÇAISES ET ANGLAISES

ALIX

1 — *Premier acte civil de la République d'Athènes*, d'après Potain.

Belle épreuve. Marge.

2 — *Madame de Sévigné.*

Très belle épreuve imprimée en couleurs. Avant la lettre. Toute marge. Encadrée.

3 — *Voltaire*, d'après Garneray.

Très belle épreuve imprimée en couleurs. Petite marge. Encadrée.

ALKEN (D'après H.)

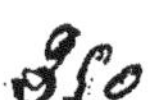

4 — *The meeting.* — *Breaking Cover.* — *Full Cry.* — *The death.*

Suite de quatre estampes anglaises en couleurs, par Sutherland. Marge. Encadrées.

AMÉRIQUE (Pièces sur l')

5 — *City of San Francisco.*

Lithographie encadrée.

ANONYME

6 — *Le Lutrin de Village.*

Pièce coloriée.

7 — *La Cascade de Terny.* Pièce en couleurs.

Très belle épreuve. Marge.

8 — *Accident funeste, arrivé à une vivandière dans le pays de Hanovre, pendant le passage des troupes françaises.*

Belle épreuve coloriée. Marge. Encadrée.

9 — *Les Adieux de Louis XVI à sa famille.*

— *Les Adieux de Marie-Antoinette à sa famille.*

Deux estampes sans nom d'auteur, décrites dans l'Iconographie de Lord. R. Gower (N° 501.)

Très belles épreuves imprimées en bistre, les têtes en couleurs. Marge. Rares.

10 — *Ranelagh garden and Rotunda.*

Petite pièce en couleurs. Sans marge. Encadrée.

AUBRY (D'après Et.)

11 — *Première leçon d'amitié fraternelle*, par N. de Launay.

Très belle épreuve. Marge. Encadrée.

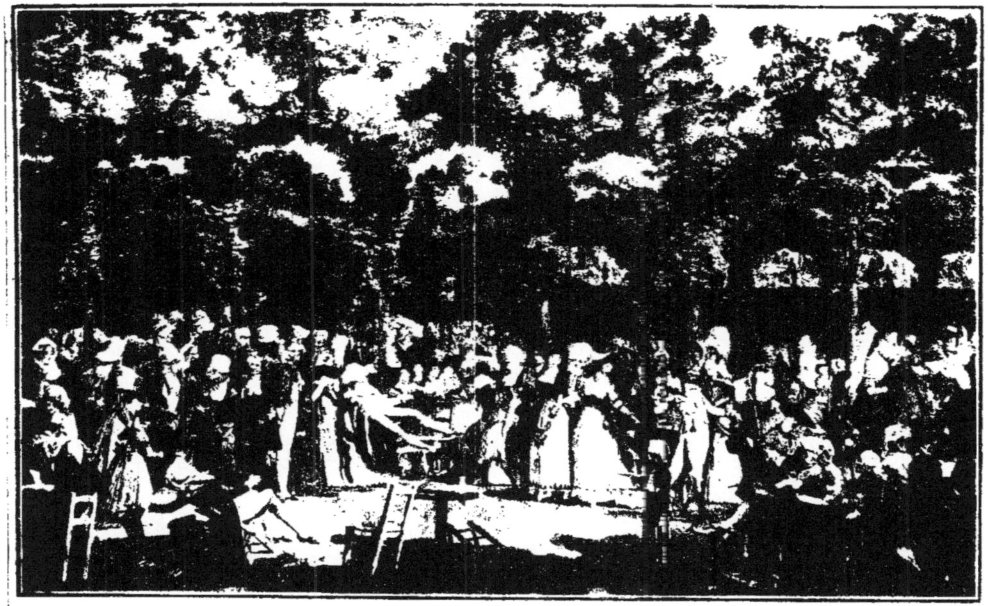

N° 10.

AVRIL

12 — *Diane change Actéon en cerf.*

— *Les Baigneuses surprises.*

Deux pendants, d'après l'ALBANE. Marge. Encadrées.

BARTOLOZZI (Attribué à F.)

13 — *M^{ie}-A^{te}, Archiduchesse d'Autriche, sœur de l'Empereur, Reine de France, née à Vienne le 2 novembre 1755.* (Lord R. Gower : Iconographie de Marie-Antoinette. N° 14.) Gravé au pointillé et à l'eau-forte.

Superbe et très fraîche épreuve imprimée en bistre et couleurs. Grande marge. Rare.

BARTOLOZZI (F.)

14 — *Portrait de Marie-Christine*, sœur de la Reine Marie-Antoinette, d'après le chevalier ROSLIN.

Très belle épreuve imprimée en rouge, avant la lettre (lettres tracées). Grande marge. Encadrée.

15 — *Le Génie décrivant la beauté sous la dictée de l'Amour*, d'après CIPRIANI.

Épreuve imprimée en couleurs. Marge. Encadrée.

16 — *Vénus au bain. — La Toilette de Vénus.*

Deux estampes ovales, faisant pendant, d'après ANG. KAUFFMANN.

Très belles épreuves imprimées en couleurs. Encadrées.

BAUDOUIN (D'après P.-A.)

17 — *Le Modèle honnête*, par J.-M. MOREAU LE JEUNE.

Très belle épreuve avec la marge du cuivre.
Cadre ancien en bois doré.

18 — *La Rencontre dangereuse*, par LE VEAU.

Très belle épreuve à toute marge non ébarbée.

19 — *La Sentinelle en défaut*, par N. DE LAUNAY.

Très belle épreuve avec le paraphe manuscrit de l'Auteur. Marge.
Cadre ancien en bois doré.

BEAUVARLET

20 — *La Conversation espagnole*, d'après C. VANLOO.

Bonne épreuve.

BERGNY (Chez la Citoyenne)

21 — *Marat à l'immortalité*.

Pièce anonyme imprimée en couleurs. Marge. Encadrée.

BIGG (D'après W.-R.)

22 — *Un Jeune matelot racontant son naufrage..*

— *Le Retour du Jeune matelot...*

Deux pendants, par GAUGAIN.
Bonnes épreuves. Marge.

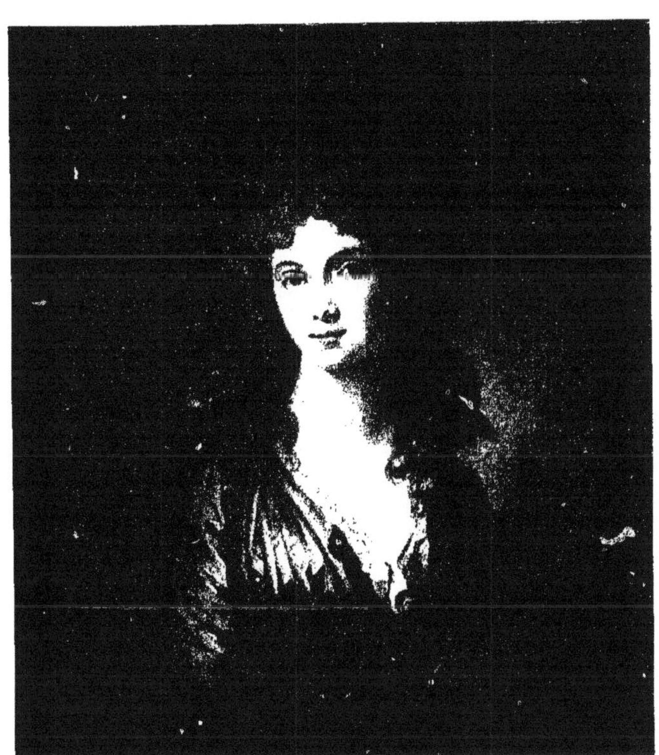

N° 49.

BIGG (D'après W.-R.)

23 — *The Soldiers widow.*

— *The Sailors orphans.*

Deux pendants, par Dunkarton et Ward.
Superbes épreuves imprimées en couleurs. Marge. Encadrées.

BOILLY (D'après L.)

24 — *La Douce résistance.*

— *On la tire aujourd'hui.*

Deux pendants, par Tresca.
Très belles épreuves imprimées en couleurs. Marge. Encadrées.

25 — *La Dispute de la rose.*

— *La Rose prise.*

Deux pendants, par Eymar et Cazenave.
Superbes épreuves imprimées en couleurs. Sans marge. Encadrées.

26 — *La Douce impression de l'harmonie.*

— *Suite de la Douce impression de l'harmonie.*

Deux pendants, par Wolff.
Belles épreuves imprimées en couleurs. Marge. Encadrées.

BOUCHER (D'après F.)

27 — *Le Calandrier des vieillards*, par F. de Larmessin.

Bonne épreuve. Marge. Encadrée.

BOUCHER (D'après F.)

28 — *Vertumne et Pomone*, par A. de SAINT-AUBIN.

Belle épreuve. Marge. Encadrée.

CARTER (G.)

29 — *Immortality of Garrick.*

Très belle épreuve, à toute marge non ébarbée.

CAZENAVE (D'après)

30 — *Psyché abandonnée*, par CHAPONNIER.

Épreuve imprimée en couleurs. Marge. Encadrée.

CHAILLOU (CH.)

31 — *Cléopâtre qui couronne de fleurs le tombeau de Marc-Antoine.*

Épreuve en couleurs. Marge.

CHAPONNIER

32 — *Le Lever. — Le Coucher.*

Deux pendants, d'après MALLET et VANLOO.
Épreuves imprimées en couleurs. Marge. Encadrées.

CHARDIN (D'après J.-B.-S.)

200 33 — *L'Ouvrière en tapisserie*, par FLIPART.

Belle épreuve, sans marge sur trois côtés. Encadrée.

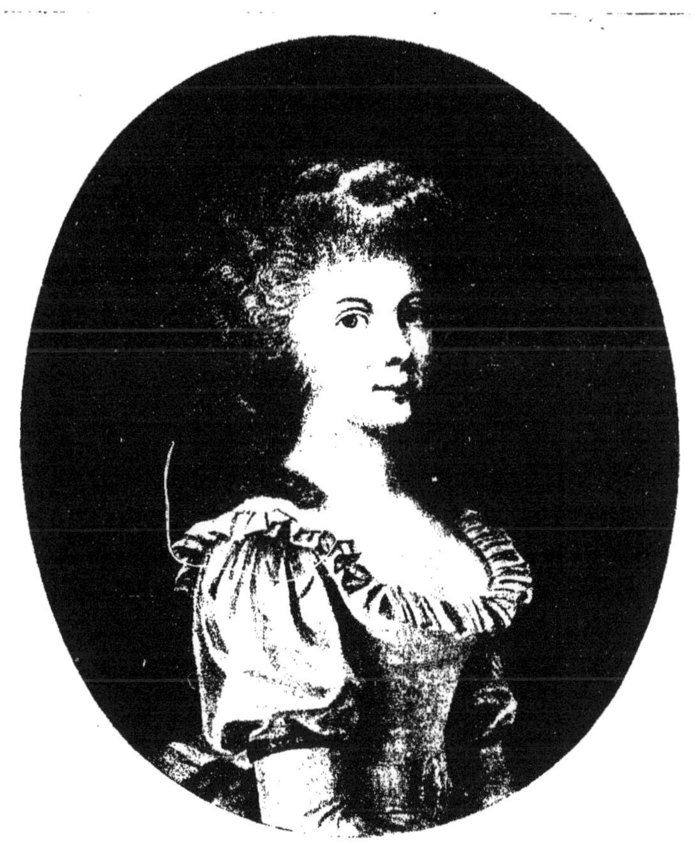

N° 51.

CHARLET

34 — *Napoléon Ier au bivouac.*
Lithographie. Encadrée.

CHEVILLET

35 — *Louis-Philippe d'Orléans, duc de Chartres.*
Gravure en noir.

COCHIN (D'après C.-N.)

36 — *Frontispice de l'Encyclopédie*, par PREVOST.
Bonne épreuve. Encadrée.

COSWAY (D'après MARIA)

37 — *Son Portrait.* Représentée assise dans un parc, gravé par J. FATOU.
Très belle épreuve imprimée en bistre.

COTES (D'après F.)

38 — *Miss Lascelles*, par J. WATSON.
Très belle épreuve, avec marge.

COUTELLIER

39 — *Bertinazzi*, dit Carlin.

— *Buste de Jeune Femme.*

Deux pièces ovales, imprimées en couleurs. Encadrées.

DEBUCOURT (P.-L.)

10 — *La Promenade publique, 1792.* (M. F. N° 33.)

La pièce capitale du maître.

Belle épreuve imprimée en couleurs, avec l'adresse de *Depeuille*. Marge. Cadre ancien en bois doré.

11 — *Le Compliment ou la Matinée du Jour de l'An, 1789.* (M. F. N° 15.)

Très belle épreuve imprimée en couleurs, de premier tirage, avec un seul point. Marge.

Cadre ancien Louis XVI en bois doré.

12 — *Illumination de la grande cascade de Saint-Cloud.* (M. F. N° 221.)

Pièce publiée à l'occasion du mariage de Napoléon avec Marie-Louise.

Superbe épreuve en couleurs d'une grande fraîcheur. Marge.

13 — *L'Invocation à l'Amour.* (M. F. N° 127.)

Petite estampe en couleurs in-4°, pour illustrer *Héro et Léandre*, publié en 1801, chez Didot.

Superbe épreuve imprimée en couleurs. Grande marge.

DEMARTEAU (G.)

14 — *Petit Ménage*, d'après F. Boucher. (N° 50.)

Charmante estampe imprimée en sanguine. Grande marge.

15 — *La Bonne Mère*, d'après F. Boucher. (N° 171.)

Intéressante composition imprimée à la sanguine. Marge.

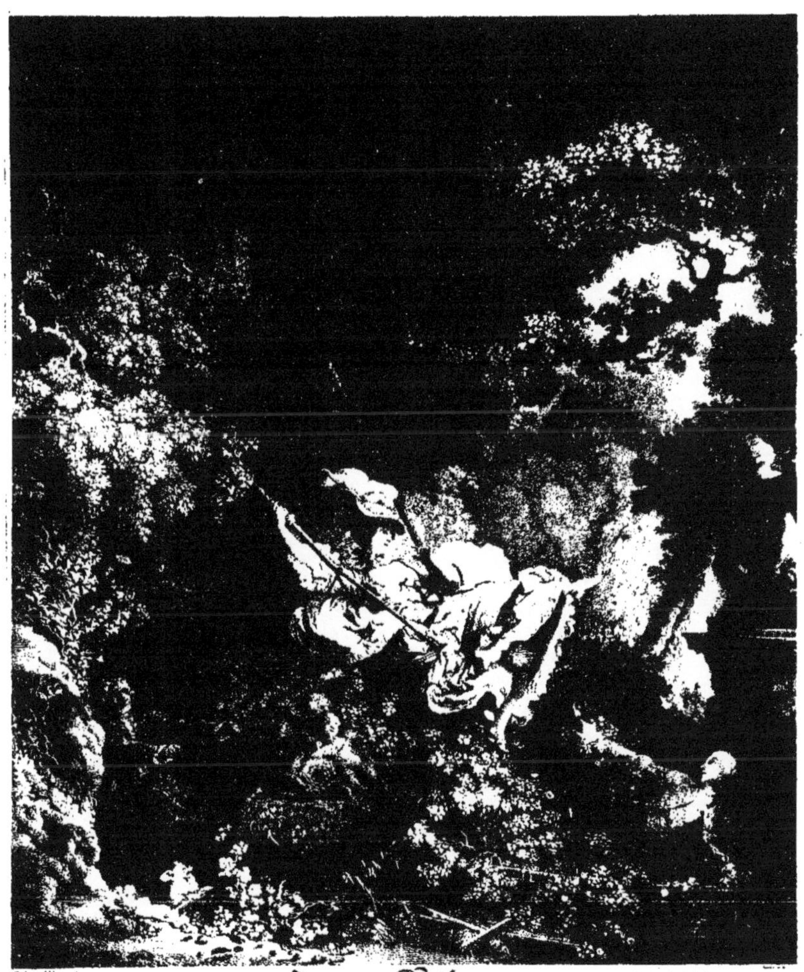

LES HAZARDS HEUREUX DE L'ESCARPOLETTE

N° 66.

DEMARTEAU (G.)

46 — *Vénus couronnée par les Amours*, d'après F. BOUCHER. (N° 378.)

Très belle épreuve imprimée en couleurs.
Cadre ancien en bois doré.

47 — *Le Plaisir innocent*, d'après J.-B. HUET. (N° 433.)

Très belle épreuve imprimée en couleurs.
Cadre ancien en bois doré.

48 — *Pastorale*, d'après F. BOUCHER. (N° 568.)

Pièce ovale dans un encadrement équarri.
Belle épreuve imprimée aux crayons de couleur. Petite marge.

DESCOURTIS (F.)

49 — *F. L. Wilhelmine de Prusse, Princesse Hérédit. d'Orange et de Nassau, etc., etc.*, d'après TICHBEIN.

Très curieuse épreuve d'essai d'un tout premier état, inconnu croyons-nous ; dans cette épreuve, *avant toutes lettres*, le portrait ovale est dans un rectangle noir, avec une tablette inférieure réservée en blanc pour l'inscription. Elle est tirée sur un papier de plus petit format que celui employé pour les autres états. Toute marge.

50 — *Le même portrait.*

Très belle épreuve de l'état terminé avec la lettre. On devine encore la trace sur le papier de la suppression du fond noir qui entourait l'ovale. Toute marge.

DESCOURTIS (F.)

51 — *Frédérique-Louise Wilhelmine, de Prusse*, d'après HENTZI et TOZELLI.

Superbe et très rare épreuve avant la lettre imprimée en couleurs, seulement les noms d'artistes, à la pointe. L'épreuve a toute sa marge.

52 — *Histoire de Paul et Virginie.*

Suite complète de six gravures d'après SCHALL. Très belles épreuves imprimées en couleurs. Sans marge.

53 — Autre suite des mêmes sujets.

Encadrées.

54 — Quatre pièces de la même suite.

Belles épreuves en couleurs. Marge. Encadrées.

55 — Trois pièces de la même suite.

Belles épreuves en couleurs. Marge. Encadrées.

DOUBLET (D'après)

56 — *Le Baiser de l'Amitié*, par JANINET.

Épreuve imprimée en couleurs. Coupée à l'ovale. Encadrée.

DREVET (P.)

57 — *Bossuet, évêque de Meaux*, d'après H. RIGAUD.

Belle épreuve avec marge. Encadrée.

DROUAIS LE FILS (D'après H.)

58 — *Les Enfants du Comte de Béthune*, par BEAUVARLET.

Belle épreuve. Petite marge. Encadrée.

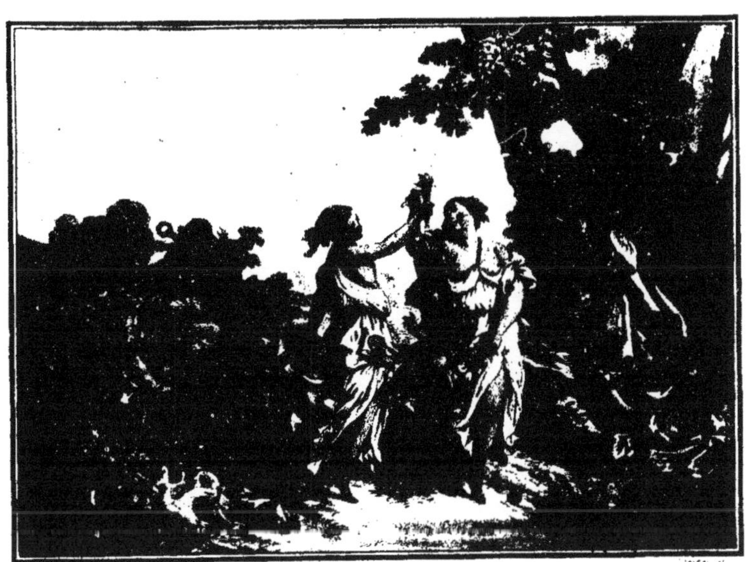

LE PRINTEMPS.

N° 84.

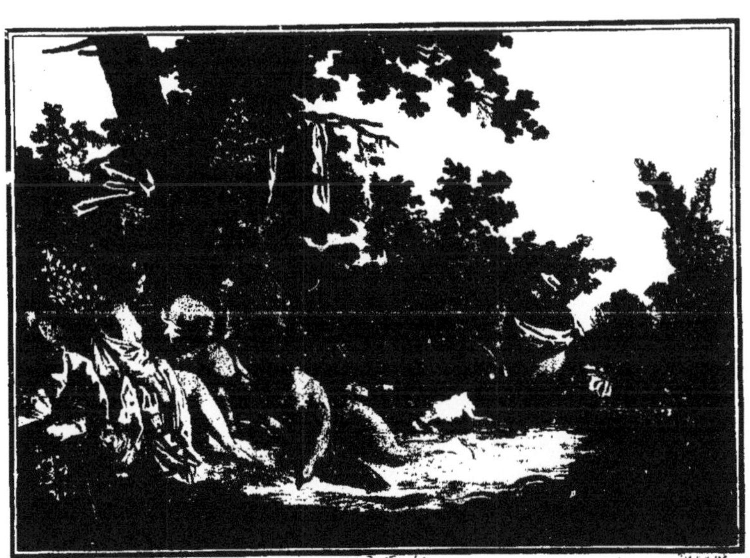

L'ÉTÉ.

N° 84.

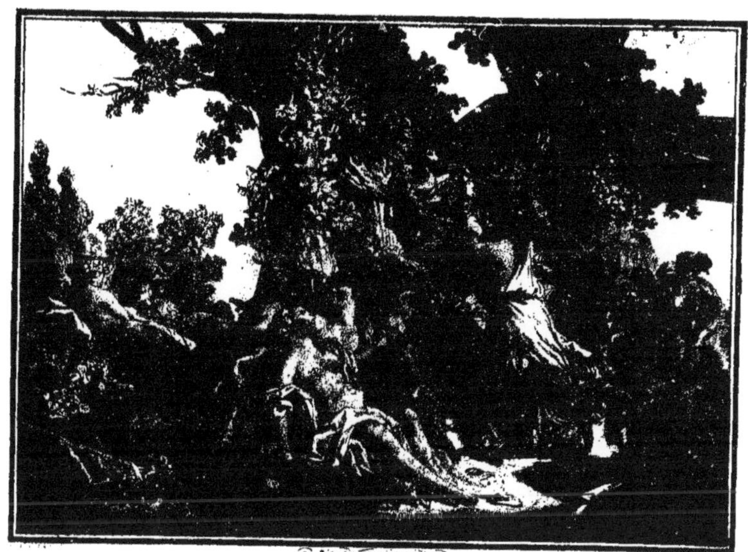

L'AUTOMNE.

N° 84.

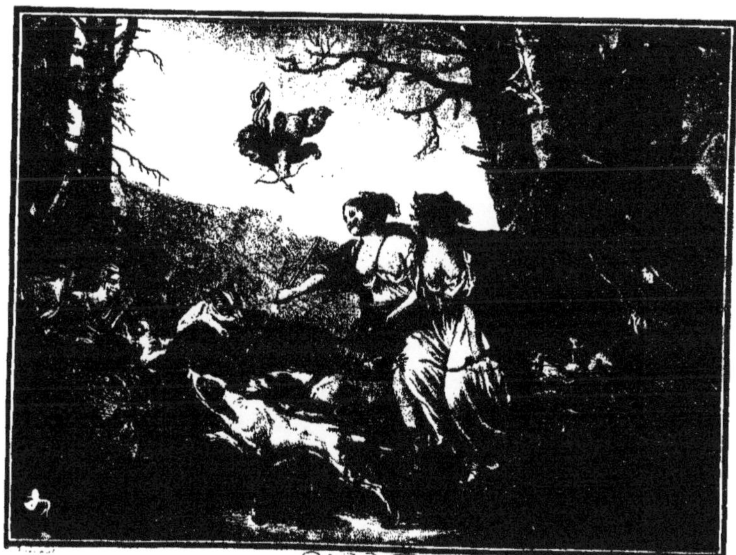

L'HIVER.

N° 84.

DUPLESSIS-BERTEAUX

59 — *Le Jugement de Marie-Antoinette.*

Gravure en noir. Encadrée.

EARLOM (R.)

60 — *The Duke of Richmond*, d'après Ph. Van Dyck.

Représenté debout en pied auprès de son chien. Superbe épreuve en manière noire. Petite marge.

ÉCOLE FRANÇAISE (xviiie siècle)

61 — *Portrait d'Homme.*

Estampe ovale imprimée en couleurs, avant la lettre. Cadre en bois sculpté.

ÉCOLE ANGLAISE

62 — *Market Woman.*

Pièce en manière noire sans noms d'auteurs, publiée en 1806.
Très belle épreuve. Marge.

63 — *The first fight. — The last ditch.*

Deux gravures anglaises de sport, en couleurs.

FANTIN-LATOUR

64 — Trois lithographies.

Très belles épreuves. Signées par l'Artiste. Encadrées.

FORES (Publié chez W.)

65 — *City Courtship*, pièce en couleurs, et *Den Zedelyke en Zinnelike*, autre pièce en couleurs.

Encadrées.

FRAGONARD (D'après H.)

66 — *Les Hazards heureux de l'Escarpolettes* (sic).

Estampe in-fol. par de Launay.

Très belle épreuve avec la faute au mot escarpolettes, écrit avec l's qui a été enlevé dans les tirages postérieurs. Avant la dédicace et avant l'adresse. Sans marge sur trois côtés. Encadrée.

67 — *Le Verrou*, par Noipmacel (Le Campion.)

Belle épreuve en réduction de l'estampe de Blot. Marge. Cadre ancien.

68 — *Les Jets d'eau*, par Auvray.

Épreuve manquant de conservation.

FREUDEBERG (D'après S.)

69 — *La Complaisance maternelle. — Le Petit jour*.

Deux estampes, par de Launay. Bonnes épreuves.

GÉRARD (D'après Mlle)

70 — *L'Élève intéressante*, par Tassaert.

Bonne épreuve. Marge. Encadrée.

GREUZE (D'après J.-B.)

71 — *La Cruche cassée*, par J. Massard.

Belle épreuve ancienne, portant la signature manuscrite du graveur. Marge.

72 — *La Fille confuse*, par Ingouf.

Belle épreuve avant la dédicace. Marge. Encadrée.

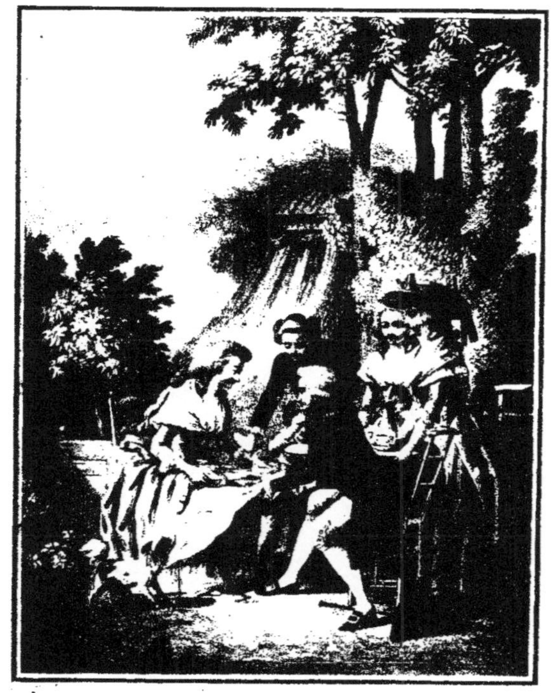

N° 89

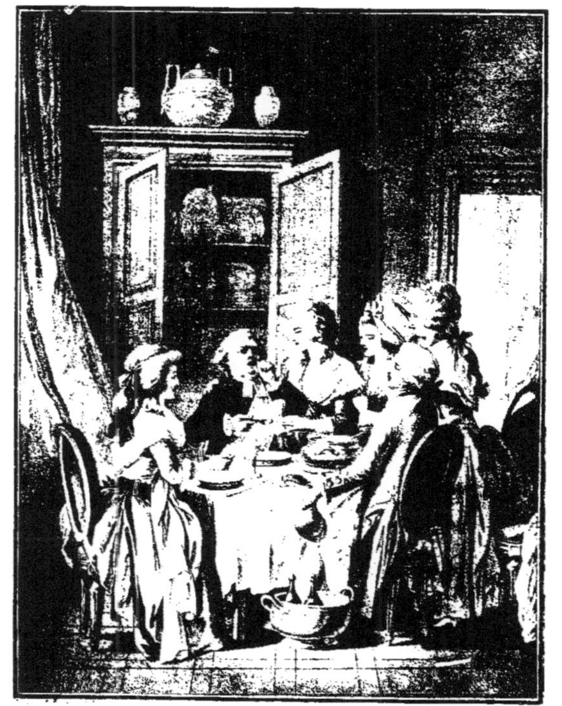

N° 89.

GUÉRIN (D'après F.)

73 — *Les Plaisirs interrompus*, par R. GIRARD.

Estampe en médaillon imprimée en couleurs. Marge.

HAMILTON (D'après)

74 — *Boy and fighting cocks.*

— *Girl and favorite cat.*

Deux petites gravures ovales, par LEGRAND. Encadrées.

75 — *Hébé*, par J. EGINTON.

Très belle épreuve imprimée en bistre. Marge. Cadre ancien Louis XVI, en bois doré.

HEATH (D'après)

76 — *Sketches of Character.*

Caricature anglaise en couleurs. Encadrée.

HERRING (D'après J.-F.)

77 — *Night*, par J. HARRIS.

Gravure anglaise en couleurs. Encadrée.

HILAIRE-LEDRU (D'après)

78 — *Beurnonville. — Pichegru.*

Deux portraits, par COQUERET. Marge. Encadrés.

HOPPNER (D'après J.)

79 — *Mrs Benwell*, par W. Ward.

Très belle épreuve en couleurs. Petite marge Encadrée.

80 — *Domestic Kappiness*, par Yung.

Très belle épreuve. Petite marge.

81 — *Earl Grosvenor*, par J. Young.

Très belle épreuve. Marge. Encadrée.

HUET (D'après J.-B.)

82 — *L'Amant écouté*, par L. Bonnet.

Très belle épreuve imprimée en couleurs. Rognée sur trois côtés. Cadre en baguettes dorées.

83 — *L'Amour couronnant la fidélité.*

— *L'Amour couronné par la fidélité.*

Deux estampes ovales, faisant pendant, par Wolff.

Superbes épreuves imprimées en couleurs. Encadrées.

84 — *Le Printemps. — L'Été. — L'Automne. — L'Hiver.*

Suite complète de quatre pièces, par G. Demarteau (Nos 632, 633, 634, 635.)

Magnifiques épreuves imprimées en couleurs, dans un remarquable état de fraîcheur et de conservation, avec marge. Suite excessivement rare à rencontrer dans cette condition.

85 — *Le Silence de Vénus*, par L. Bonnet.

Très belle épreuve imprimée en couleurs. Sans marge.

N° 89.

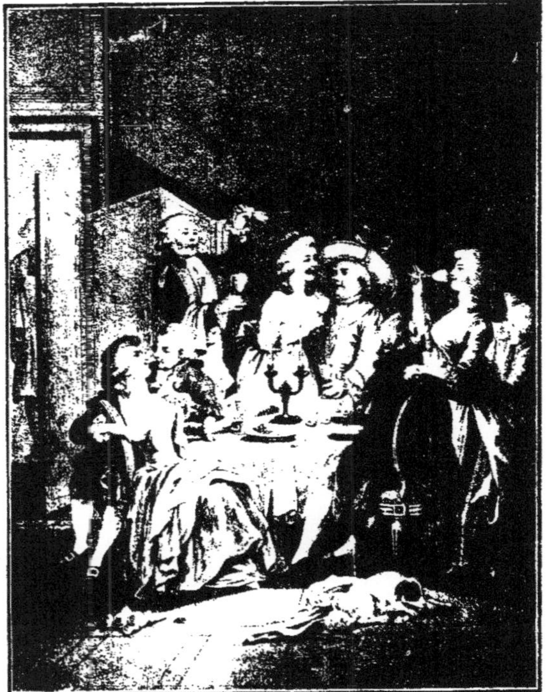

N° 89.

HUET (D'après J.-B.)

86 — *Sujets mythologiques.*

Deux pendants ovales, par Chaponnier. Encadrées.

87 — *Le Triomphe d'Ariane*, par L. Bonnet.

Très belle épreuve imprimée en couleurs. Marge. Encadrée.

88 — *Vénus et les Amours.*

Charmante petite estampe en médaillon ovale sur fond équarri.

Très belle et rare épreuve, imprimée en couleurs, avant toutes lettres. Grande marge. Cadre ancien.

HUET et BAUDOUIN (D'après J.-B.)

89 — *Le Déjeuner. — Le Diner. — Le Goûter. — Le Souper.*

Suite complète de quatre pièces, par L. Bonnet, d'après J.-B. Huet, sauf le *Goûter*, d'après Baudouin.

Magnifiques épreuves imprimées en couleurs de la plus grande fraîcheur et en très bel état de conservation. Marge. De la plus grande rareté à trouver réunies en aussi belle condition.

ISABEY (D'après J.-B.)

90 — *L'Impératrice Joséphine*, par Monsaldy.

Superbe épreuve imprimée en couleurs d'un portrait très rare. Marge.

Cadre en acajou, avec motifs en bronze.

91 — *Marie-Louise*, par Monsaldy.

Très belle épreuve, imprimée en couleurs. Toute marge. Cachet d'Isabey. Encadrée.

ISABEY (D'après J.-B.)

92 — *Mademoiselle Leverd*, par A. Mecou. 1822.

Très belle épreuve en noir, avant la lettre. Grande marge.

93 — *La Duchesse de Montebello*, par A. Mecou.

Superbe épreuve en noir, avant toutes lettres, seulement les noms tracés à la pointe. Toute marge. Portrait rare.

JACKSON (D'après J.)

94 — *Lady Dover*. — *Mrs Theslie*.

Deux charmants portraits gravés à la manière noire, par S. W. Reynold.
Très belles épreuves avant la lettre. Toute marge.
Cadres anciens en bois doré.

JANINET

95 — *Ruines romaines*.

Deux pendants ovales, d'après Pernet.
Belles épreuves imprimées en couleurs. Sous verre.

96 — *Bacchus préside à la fête*, d'après Caresme.

Belle épreuve imprimée en couleurs. Marge. Sous verre.

JAZET

97 — *Le Serment du Jeu de Paume*, d'après L. David.

Très belle épreuve avant la lettre. Marge. Encadrée.

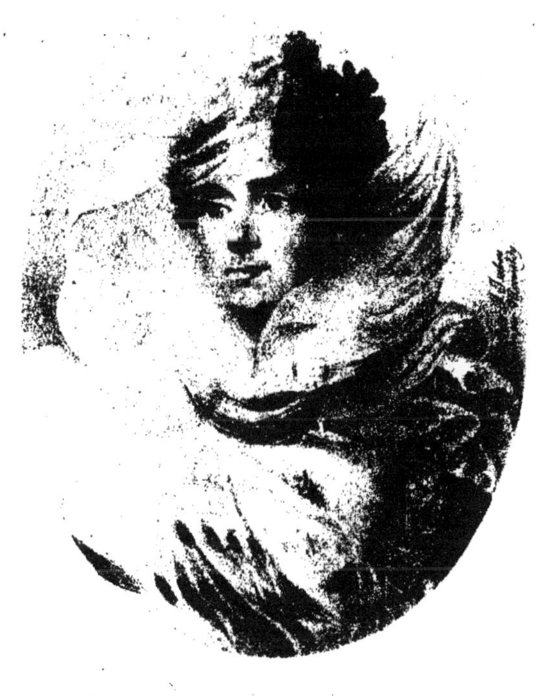

N° 90.

JAZET

98 — *La Demande en mariage. — Célébration du Mariage. — Le Retour de l'Église. — Le Repas de noce.*

Suite de quatre estampes en couleurs, d'après Leconte. Marge.

J. G.y (D'après)

99 — *Flannel Armour. — Female patriotism. — A Peep-at St Peter.*

Deux gravures anglaises en couleurs, publiées chez Humphrey et Fores. Encadrées.

KAUFFMANN (?) (D'après Ang.)

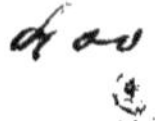

100 — *La Duchesse de Rutland*, en costume oriental, brodant au tambour.

Très belle épreuve, imprimée en couleurs.
Cadre ancien.

KNELLER (D'après G.)

101 — *The Dutchess of St Albans. — Mrs Sarah Chicheley. — The R. H. Lady Henrietta Maria.*

Trois pièces en manière noire, par Smith.

LAMBERT (D'après)

102 — *Le Baiser à la Capucine*, par Huet.

Belle épreuve. Marge. Encadrée.

LANCRET (D'après N.)

103 — *Les Amours du Bocage*, par DE LARMESSIN.

Belle épreuve. Marge. Encadrée.

104 — *Le Maître galant*, par P.-L. LEBAS.

Belle épreuve. Marge. Encadrée.

300 105 — *Le Printemps. — L'Été. — L'Automne.*

Trois pièces d'une suite de quatre, par de LARMESSIN. Bonnes épreuves. Marge. Encadrées.

106 — *D'un baiser que Tirsis...*

Belle épreuve. Marge. Encadrée.

107 — *La Servante justifiée*, par DE LARMESSIN.

Belle épreuve. Marge. Encadrée.

LANE (R.-J.).

108 — *The Right Honble Lady Lyndhurst* (femme du célèbre juge Lyndhurst). Lithographié d'après un croquis peint par ROCHARD en février 1829 à Brighton.

Superbe épreuve sur Chine. Toute marge.

LAWREINCE (D'après NIC.)

910 109 — *Le Billet doux. — Qu'en dit l'abbé?*

Brückmann

Deux pendants, par N. DE LAUNAY.
Très belles épreuves, avec grande marge.
Cadres anciens Louis XV, en bois doré.

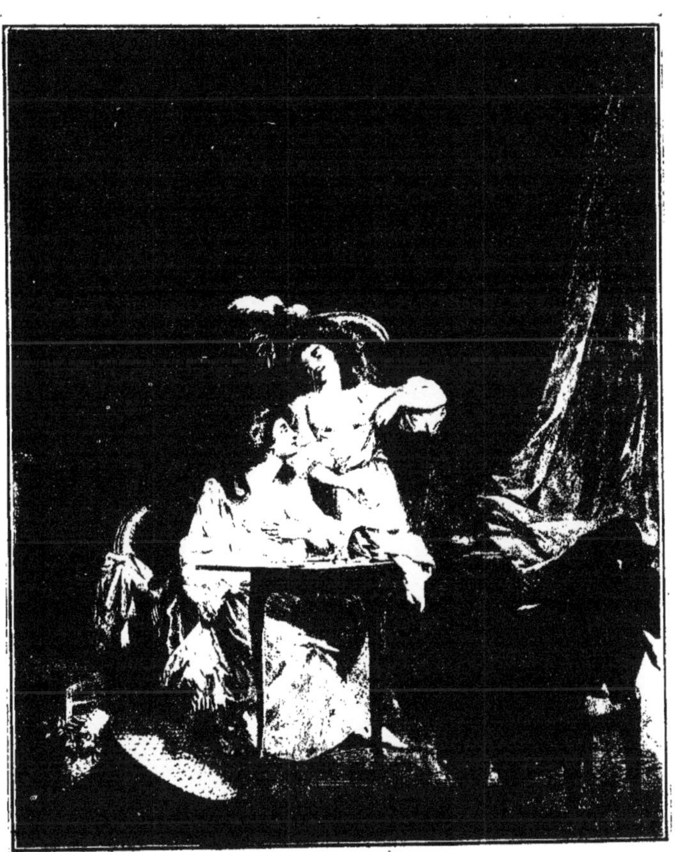

LA COMPARAISON

Nos 111 et 112.

LAWREINCE (D'après Nic.)

110 — *Le Concert agréable. — Le Mercure de France.*

Deux estampes faisant pendant, par Varin.
Épreuves coloriées.

111 — *La Comparaison*, par Janinet.

Très belle et rare épreuve, imprimée en couleurs. Belle marge.
Cadre ancien Louis XVI en bois doré.

112 — La même estampe.

Très belle et rare épreuve semblable à la précédente.
Cadre ancien Louis XVI, en bois doré.

LAWRENCE (D'après Sir Th.)

113 — *The Right Honble Lady Dover, and her son the Honble Henry Agar Ellis*, par Samuel Cousins.

Superbe épreuve (proof) en manière noire. Grande marge.

114 — *Elisabeth, Countess Grosvenor*, par Samuel Cousins.

Superbe épreuve imprimée en manière noire, sur papier fort, avant la lettre (lettres tracées) et signée au crayon par le graveur. Toute marge. Rare en cet état.

115 — *Lady Peel*, par Samuel Cousins.

Superbe épreuve imprimée en noir. Marge.

116 — *Ch^{s} Wm Bell*, par Wm Whiston.

Superbe épreuve à la manière noire, avec les lettres ouvertes. Petite marge.

LAWRENCE (D'après SIR TH.)

117 — *Sir Thomas Le Breton*, par C. TURNER.

Très belle épreuve. Encadrée.

118 — *William Howley*, D. D. F. R. S. Lord Évêque de Londres, par C. TURNER.

Superbe épreuve en manière noire. Marge.

119 — Suite de soixante petites estampes, d'après le maître, représentant ses plus célèbres portraits.

Superbes épreuves, avant la lettre, à toute marge.

LE BAS

120 — *3ème et 4ème Fêtes flamandes.*

Deux grandes gravures, d'après TENIERS. Encadrées.

LE BEAU

121 — *La Partie d'œufs frais. — La Réalité du plaisir.*

Deux gravures ovales en noir.

LE CLERE (D'après)

122 — *Costumes* tirés des modes et costumes.

Deux pièces en couleurs, par DUPIN. (Cahier dd. 166-167.) Sous verre.

LE PRINCE (D'après J.-B.)

123 — *Vue de Saint-Pétersbourg*, par J.-P. LE BAS.

Belle épreuve en couleurs. Marge. Encadrée.

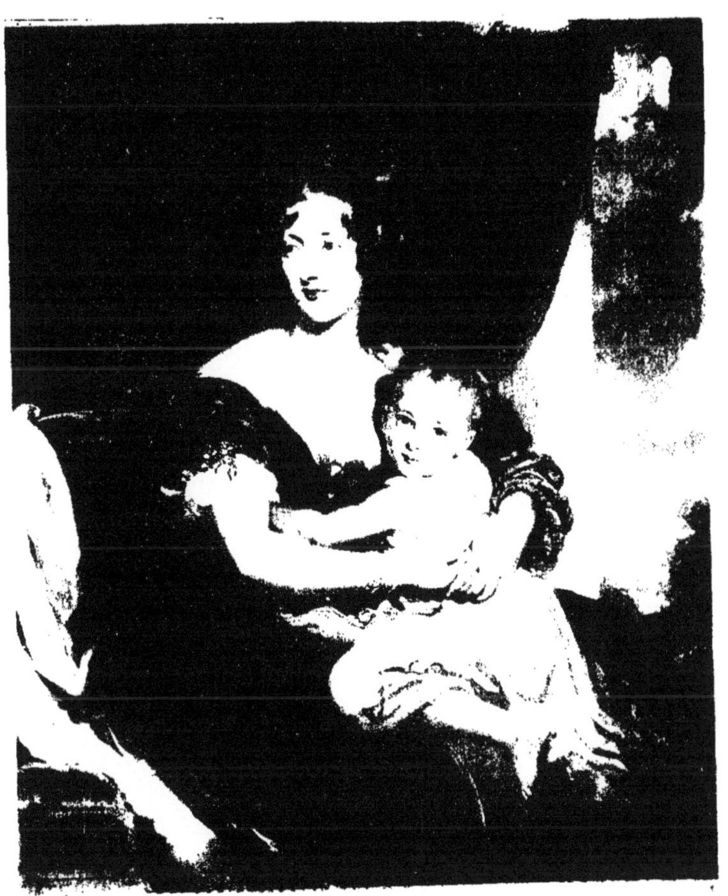

N° 113.

LORDON (D'après)

124 — *Histoire de Télémaque.*

Trois pièces, par Benoist et autres, imprimées en couleurs. Marge. Encadrées.

MALLET (D'après)

125 — *L'Amour au couvent.*

Petite pièce en couleurs. Encadrée.

126 — *Par ici !...* par Copia.

Très belle épreuve en couleurs. Marge. Encadrée.

MARIN (L.)

1,885 Lévy 126 *bis* — *The Milk-Woman.*

Superbe épreuve imprimée en couleurs, avec le cadre doré. Encadrée.

MIDDLE (Publié par R.)

127 — *Mr and Mrs Bull reflecting on the taxes.*

Caricature anglaise en couleurs. Encadrée.

MILLER (D'après W.)

128 — *Animal affection. — Innocent recreation.*

Deux pièces, par P. Zancon.

Belles épreuves imprimées en couleurs. Marge.

MORLAND (D'après G.)

1550 Baron de Gunzburg 129 — *The Turnpike gate,* par W. Ward.

Très belle épreuve imprimée en couleurs.

130 — *African hospitality. — Slave Trade.*

Deux pendants. Sans marge.

131 — *A Tea Garden,* par A. Zecchni.

Belle épreuve. Grande marge.

PATER (D'après J.-B.)

132 — *Le Baiser rendu*, par FILLEUL.
Bonne épreuve.

PICOT

133 — *Les Plaisirs de l'été*, d'après PATER.
Belle épreuve. Marge. Encadrée.

PIRANESI (Le Chevalier)

134 — *Fouilles près du Colisée.*

— *Acqueduc de Néron.*
Deux gravures encadrées.

POILLY (N. DE)

170 135 — *Marie-Thérèse*, Infante d'Espagne, Reine de France et de Navarre, d'après BEAUBRUN.
Très belle épreuve. Marge. Encadrée.

PRADES (DE)

136 — Portrait du cheval *Teddington*, par SMITH.
Pièce en couleurs. Encadrée.

PRUD'HON père (D'après)

137 — *La Dévideuse ou Lachésis*, par PRUD'HON FILS.
Très belle épreuve, imprimée en couleurs et rehaussée. Petite marge. Encadrée.

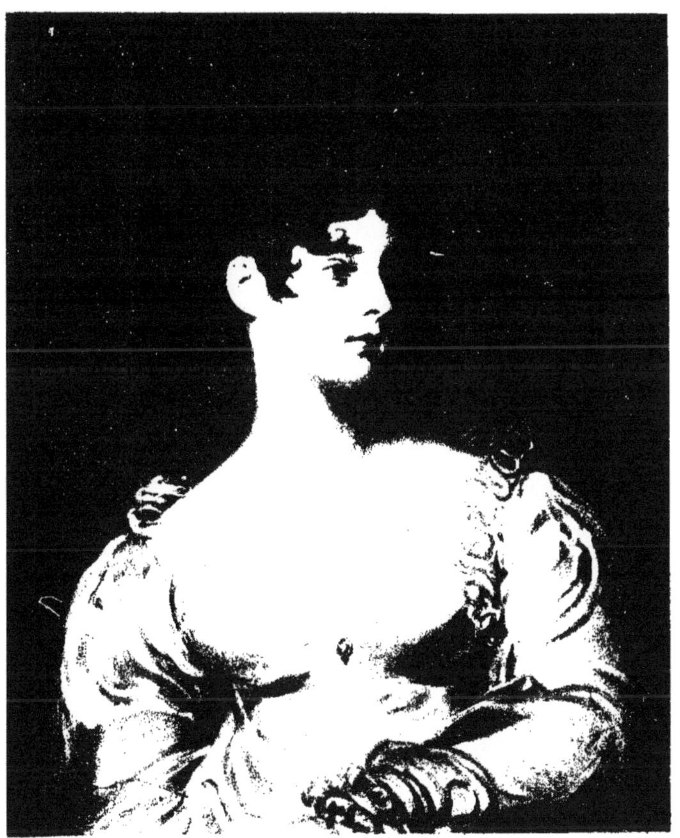

N° 114.

RAMBERG

138 — *Les Cerises.*

Pièce en couleurs. Encadrée.

REYNOLDS (D'après Sir J.)

139 — *Miss Kemble,* par J. JONES.

Représentée en buste avec la *robe blanche*, c'est la gravure du portrait peint par REYNOLDS en 1782.

Magnifique épreuve en manière noire, *avant le titre.* Belle marge. Très rare.

140 — *Miss Kemble,* par J. JONES.

Représentée en buste avec la *robe noire* ; fond de paysage. C'est la gravure du portrait peint par REYNOLDS, un an après le précédent. Dans la marge du bas, l'inscription soutenue par deux petits amours.

Superbe épreuve en manière noire, avant la lettre. Petite marge. Rare.

141 — *Lady Charles Spencer*, par W. DICKINSON.

Représentée debout à mi-jambe, auprès de son cheval.

Très belle épreuve imprimée en manière noire. Marge en bas.

142 — *A Lady and Child,* par J. GROZER.

Très belle épreuve. Marge.
Cadre en baguettes dorées Louis XVI.

143 — *Robinetta*, par J. JONES.

Charmante estampe. Superbe épreuve imprimée en couleurs. Marge. Rare en cet état.

144 — *Simplicity*, par F. BARTOLOZZI.

Très belle épreuve en couleurs. Petite marge. Encadrée.

REYNOLDS (D'après Sir J.)

145 — *Lady Pelham Clinton*, enfant, par J.-R. Smith.

Très belle épreuve à la manière noire.
Cadre ancien Louis XVI, en bois doré.

146 — *Duchess of Manchester*, représentée en *Diane*, par J. Watson.

Superbe épreuve à la manière noire. Petite marge.
Cadre ancien Louis XVI, en bois doré.

147 — *Mrs Bonfoy*, par J.-M. Ardell.

Très belle épreuve en manière noire. Petite marge.
Cadre ancien en bois doré.

148 — *The Honble Mrs. Stanhope*, par J.-R. Smith.

Très belle épreuve à la manière noire, petite marge.
Beau cadre ancien Louis XVI, en bois doré.

149 — *Henry, Earl of Pembroke, and Montgomery*, par J. Dixon.

Très belle épreuve, petite marge. Encadrée.

150 — *Henry, Hope* Esqr of Amsterdam, par Hodges.

Bonne épreuve, petite marge. Encadrée.

ROMAIN-GIRARD (Chez)

151 — *Hésitation. — Méditation.*

Deux estampes en couleurs. Marge.

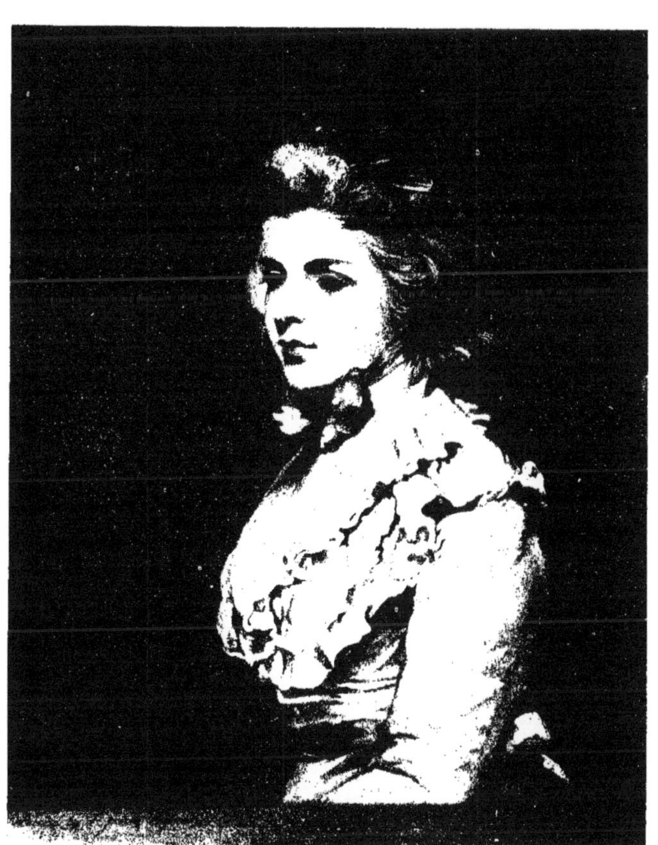

Nº 139.

RUBENS (D'après P.-P.)

152 — *Rubens with his wife and child*, par J.-M. Ardell.

Très belle épreuve à la manière noire. Marge. Cadre ancien Louis XVI, en bois doré.

RUGENDAS (Par et d'après)

153 — *Bataille de Iéna* (14 oct. 1806.)

Très belle épreuve en couleurs. Marge. Encadrée.

RUILLMANN (D'après)

154 — *Il a recours à l'hymen*, par Prot.

Belle épreuve imprimée en couleurs. Marge. Encadrée.

RUSSELL (D'après J.)

155 — *Tom and his Pidgeons. — The favorite rabbit.*

Deux pièces, par A. Zaffonatto.
Belles épreuves imprimées en couleurs. Marge.

RYDER

156 — *The last interview between Charlotte and Werther.*

Petite pièce ovale, imprimée en rouge. Encadrée.

SAINT-AUBIN (Par et d'après Aug. de)

157 — *A^{ne}-S^{ie}, Marquise de ****

— *L^{ouise}-É^{lie}, Baronne de ****

Deux charmants portraits de la femme de l'artiste, faisant pendant ; le second avec une très grande marge.

Cadres anciens Louis XVI, en bois doré.

158 — *Au moins soyez discret.*

Très belle et rare épreuve avant la lettre. Marge. Encadrée.

SCHALL (D'après)

159 — *Quand l'hymen dort, l'Amour veille,* par Maucler. Publiée chez Vidal.

Très belle épreuve imprimée en couleurs. Marge du cuivre.

Cadre ancien Louis XVI, en bois doré.

160 — *Le Panier renversé*, par Ruotte.

Épreuve en couleurs remargée. Encadrée.

SCHALL (D'après)

161 — *Le Ruisseau*, par Aug. Legrand.

Belle épreuve. Marge. Encadrée.

SCHENAU (D'après)

162 — *Les Intrigues amoureuses. — La Crédulité sans réflexion.*

Deux pendants, par Halbas. Marge. Encadrées.

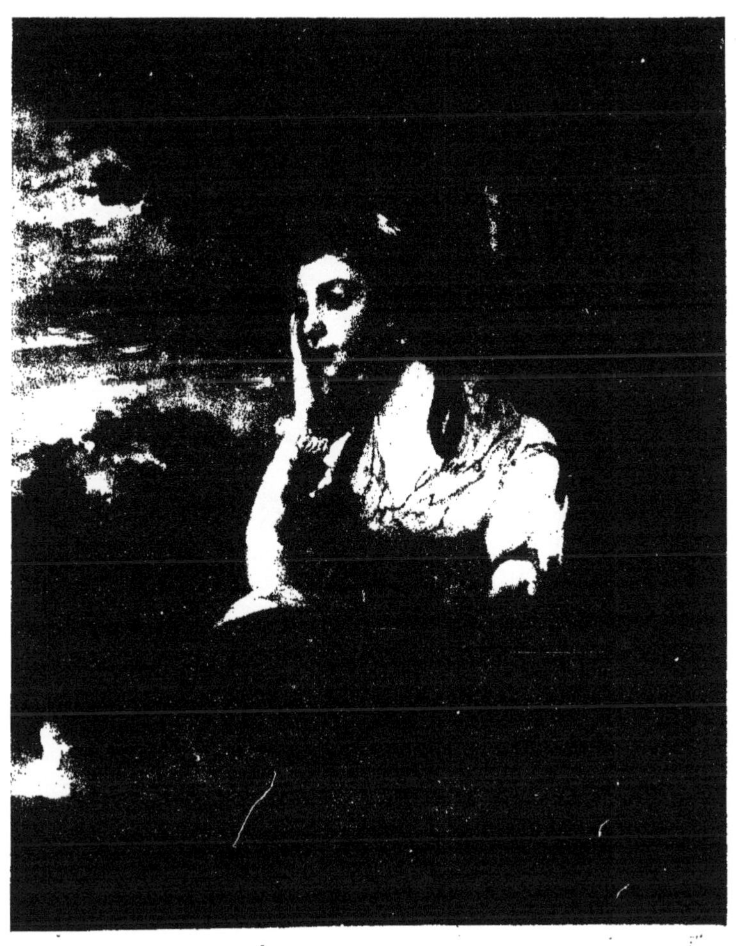

N° 148.

SCHUPPEN (Van)

163 — *Louis XIV. — Le Duc d'Epernon.*

Deux estampes, d'après Mignard et Lebrun.

SERGENT (Par et d'après)

164 — *Il est trop tard.*

Très belle épreuve imprimée en couleurs. Sans marge. Encadrée.

SIDEBOTHAM (Publié chez)

165 — *Too long an food loose !!...*

Pièce en couleurs. Encadrée.

SMITH (D'après J.-R.)

166 — *The Moralist*, par W. Nutter.

Estampe imprimée en couleurs. Marge. Encadrée

167 — La même estampe.

Bonne épreuve imprimée en couleurs. Petite marge.

167 *bis* — *A Visit to the grand father*, par E. Dayes.

Très belle épreuve en noir. Encadrée.

TAUNAY (D'après Nic.)

168 — *La Noce de village. — La Foire de village.*

Deux pièces faisant pendant, par Descourtis.

Superbes, très fraîches et rares épreuves du premier état avec la lettre, les armes et la dédicace qui ont été modifiées ou supprimées dans les tirages suivants. Très grande marge.

Cadres anciens en bois doré.

TEGG (Chez)

169 — *The first might of my wedding....*

Caricature anglaise en couleurs. Encadrée.

THOUVENIN

820
Lambert

170 — *La Danse de l'Amour avec sa mère. — Le Sacrifice interrompu par l'Amour.*

Deux pendants, d'après Cazenave.
Épreuves imprimées en couleurs. Marge. Encadrées.

TURNER (C.)

171 — *The Village school* in an uproar, d'après H. Richter.

Marge.

TURNER (D'après)

172 — *The Great St. Leger Decisive heat at Doncaster, 1839, between Charles XIIth and Euclid,* par Turner.

Belle épreuve en couleurs. Marge. Encadrée.

VANGORP (D'après)

173 — *La Ruse. — La Surprise.*

1.000
Harville

Deux pièces faisant pendant, par Honoré.
Très belles épreuves imprimées en couleurs. Marge.
Cadres anciens.

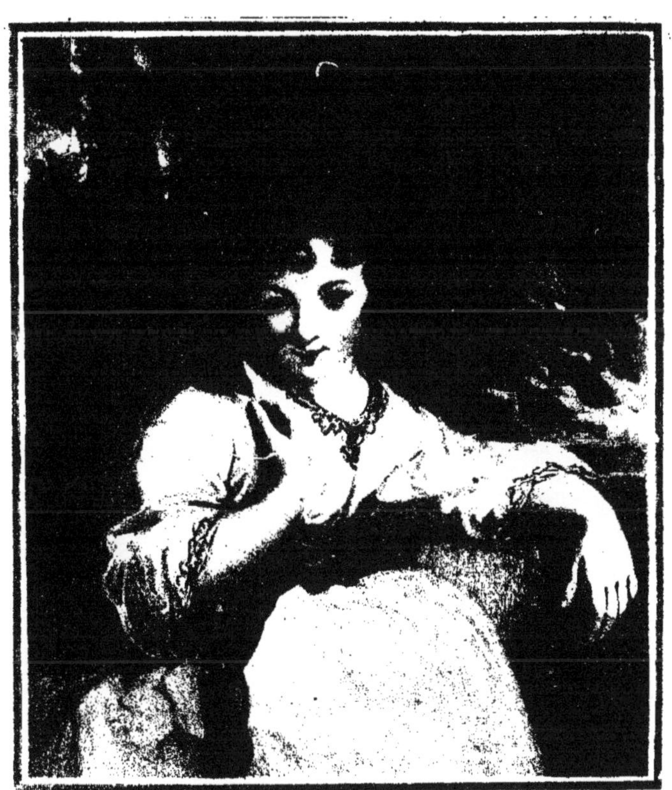

ROBINETTA.

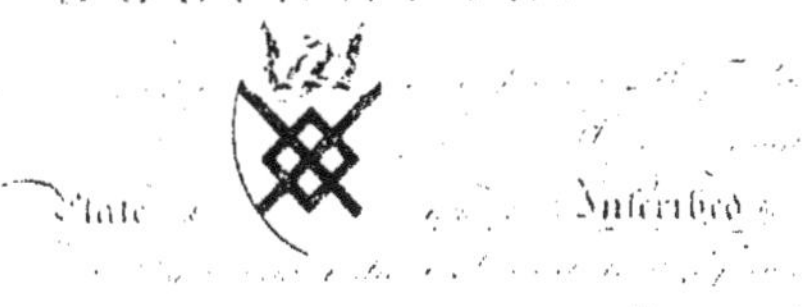

N° 149.

VERNET (D'après Cle)

174 — *Courses de chevaux.*

Deux pièces gravées, par P. L. Debucourt. Encadrées.

VERNET (D'après C. et H.)

175 — *Quatrième suite de chevaux* (N° 39).

Pièce gravée par Carrée. Bonne épreuve en couleurs. Marge. Encadrée.

VERNET (D'après J.)

176 — *Le Port-neuf ou l'Arsenal de Toulon,* par Cochin.

Belle épreuve. Marge. Encadrée.

VERNET (D'après H.)

177 — *Le Trompette. — Le Chien du Régiment. — Premier Régiment de hussards. — Bivouac du 3e Régiment de hussards.*

Quatre pièces, par Jazet. Bonnes épreuves.

178 — *Louis XIV et Made de Lavallière.*

Suite complète de huit gravures en couleurs, par Bourgeois. Marge.

VIDAL

179 — *Le Malin Cuisinier.* — *La Cuisinière française.*

Deux pendants, d'après Colibert.

Très belles épreuves imprimées en couleurs. Marge. Encadrées.

275 180 — *Le Malin Cuisinier*, d'après F. Gazard.

Très belle épreuve imprimée en couleurs. Petite marge.

Cadre ancien.

VIVANT-DENON (D'après le Baron)

181 — *Groupe de deux jeunes filles*, par F. Novelli.

Petite estampe gravée à l'eau-forte.

WARD (W.)

1.310 182 — *The Gleaness returned*, par J. Ward.

Très belle épreuve imprimée en couleurs. Petite marge.

Cadre ancien en bois sculpté.

WATTEAU (D'après Ant.)

220 183 — *La Mariée de vilage* (sic), par Cochin.

Lasquin Très belle épreuve. Marge. Encadrée.

210 184 — *Le Bosquet de Bacchus*, par Cochin.

Très belle épreuve, toute marge.

185 — *La Game d'amour*, par Le Bas.

440 Belle épreuve. Marge. Encadrée.

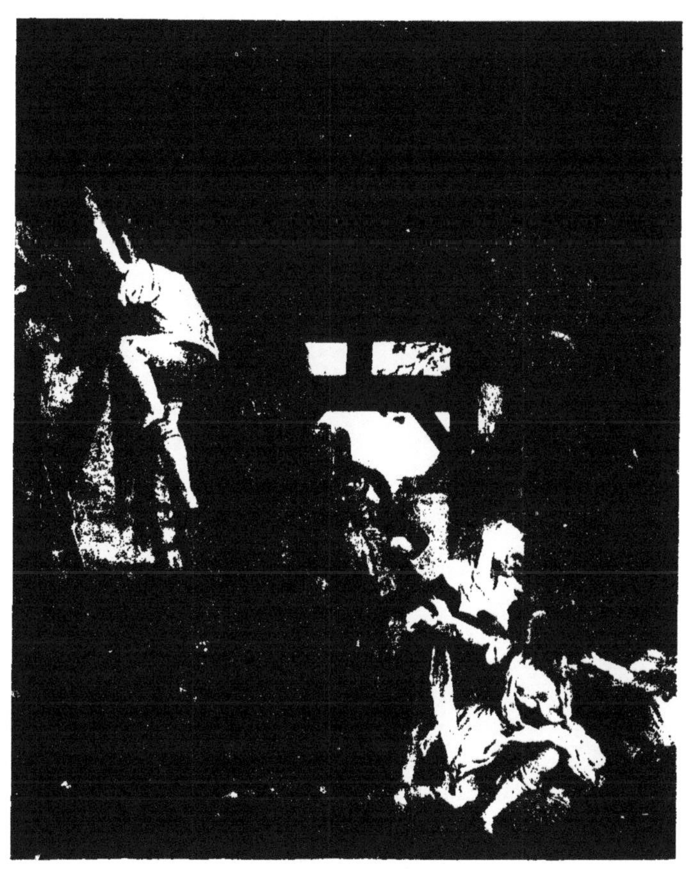

N° 164.

WESTALL (D'après R.)

125 Jossi

186 — *Innocent mischief.* — *Innocent revenge.*
Deux pendants, par C. Jossi.
Bonnes épreuves. Marge.

187 — *Reapers*, par R.-M. Meadow.
Belle épreuve en noir. Marge. Encadrée.

WILLE le fils (P.-A.)

188 — *Petit Waux-hall.*
Épreuve sans marge sur trois côtés. Encadrée.

GRAVURES EN LOTS

189 — Gravures et lithographies : Vues de Paris et de ses environs, etc.
Seize pièces.

190 — Gravures ou lithographies anciennes et modernes.
Vingt et une pièces.

191 — Gravures, d'après Baudouin et C. Vernet : *Le Midi*, *le Lever*, *etc.*
Trois pièces.

192 — Estampes, d'après Boucher et Zuccarelli : *Pensent-ils au raisin ? Paysage.*
Deux pièces.

193 — Estampes, d'après A. DURER et GOLTZIUS : *Adam et Ève. — Bacchus.*

Deux pièces.

194 — Gravures et lithographies variées.

Douze pièces.

195 — *La Fortune du Jour de l'An. — La Maîtrise.*

Deux pièces, dont la seconde avant toutes lettres. Marge.

196 — Gravures ou lithographies anciennes et modernes, d'après BOIZOT, MIERIS, VAN DER WERF, etc., etc.

Sept pièces.

197 — Estampes et portraits anciens, par EDELINCK, PONTIUS, WILLE, etc.

Cinq pièces.

198 — *Le Jeu de piquet*, d'après NETSCHER. — *Fumeurs*, d'après VAN HEMSKERKE.

Deux pièces encadrées.

199 — Gravures, eaux-fortes, lithographies variées, contenues dans un carton.

200 — *Le Donneur de sérénade, le Père aveugle*, d'après GREUZE, *les Francs-maçons flamands en loge*, d'après TENIERS.

Trois pièces, avec marge.

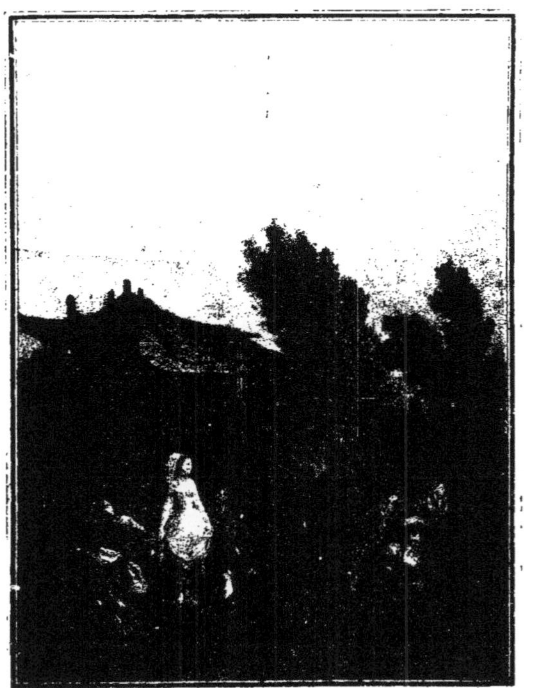

N° 168.

N° 168.

201 — Douze gravures modernes en feuilles.

202 — Lithographies et eaux-fortes modernes.

Dix pièces.

203 — *Frontispices.*

Cinq pièces sous verre, encadrées, et quatorze lithographies ou gravures en feuilles.

204 — *The R. H. Georgiana Lady Spencer*, par S. Paul.— *Intérieur de ferme*, d'après J.-B. Huet, aux trois crayons, par Bonnet.

Deux pièces.

205 — Gravures, lithographies, portraits, vignettes, etc., etc.

Soixante pièces environ.

206 — Un carton de gravures, eaux-fortes et lithographies.

207 — Lot de gravures de Piranesi.

208 — Huit gravures ou eaux-fortes, en feuilles.

209 — Gravures non cataloguées.

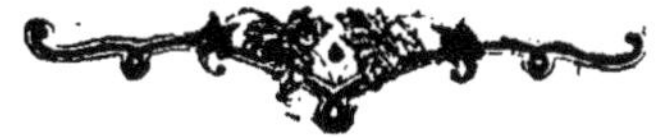

www.ingramcontent.com/pod-product-compliance
Ingram Content Group UK Ltd.
Pitfield, Milton Keynes, MK11 3LW, UK
UKHW021819190726
13853UKWH00003B/1074

9 782329 614625